SAVAIS-TU?
Les Mouches

SAVAIS-TU?
Les Mouches

Alain M. Bergeron
Michel Quintin
Sampar

Illustrations : Sampar
Couleurs : GAG (André Gagnon)

ÉDITIONS
MICHEL
QUINTIN

Catalogage avant publication de Bibliothèque et Archives
nationales du Québec et Bibliothèque et Archives Canada

Bergeron, Alain M.

Les mouches

(Savais-tu? ; 25)
Édition originale : 2005.
Pour enfants de 7 ans et plus.

ISBN 978-2-89435-709-5

1. Mouches - Ouvrages pour la jeunesse. I. Quintin, Michel. II.
Sampar. III. Titre. IV. Collection : Bergeron, Alain M. Savais-tu? ; 25.

QL533.2.B47 2015   j595.77   C2014-941628-8

Le Conseil des Arts du Canada
The Canada Council for the Arts

Québec::

Patrimoine   Canadian
canadien   Heritage

La publication de cet ouvrage a été réalisée grâce au soutien
financier du Conseil des Arts du Canada et de la SODEC.
De plus, les Éditions Michel Quintin reconnaissent l'aide
financière du gouvernement du Canada par l'entremise du
Fonds du livre du Canada pour leurs activités d'édition.

Gouvernement du Québec – Programme de crédit d'impôt
pour l'édition de livres – Gestion SODEC

ISBN 978-2-89435-709-5
Dépôt légal – Bibliothèque et Archives nationales du Québec, 2014
Dépôt légal – Bibliothèque et Archives Canada, 2014

Éditions Michel Quintin
4770, rue Foster, Waterloo (Québec)
Canada J0E 2N0
Tél. :   450 539-3774
Téléc. : 450 539-4905
editionsmichelquintin.ca

14 - W K T - 1

Imprimé en Chine

Savais-tu que la mouche domestique est l'insecte qui envahit le plus les milieux humains ? C'est la plus commune de toutes les espèces de mouches et on la trouve dans toutes les régions du monde.

Savais-tu qu'elle « entend » avec ses pattes, qu'elle « goûte » avec ses pieds et sa trompe et qu'elle « sent » avec ses antennes ?

Savais-tu que, grâce à son odorat très développé, la mouche domestique peut détecter une forte odeur à plusieurs kilomètres de distance ?

Savais-tu que si la mouche domestique se pose sur nous, c'est pour aspirer notre sueur? Cette espèce ne pique pas, contrairement à d'autres, dont la mouche des étables.

Savais-tu que la bouche de la mouche domestique est en fait une trompe munie d'une petite éponge à son extrémité? Pour se nourrir, elle aspire sa nourriture.

Savais-tu que la mouche domestique replie sa trompe sous sa tête lorsqu'elle ne l'utilise pas?

Savais-tu que la mouche domestique se nourrit d'ordures, d'aliments, de plaies infectées, d'animaux morts et aussi d'excréments?

Savais-tu qu'elle peut absorber certains aliments solides comme du sucre ? Cependant, elle doit d'abord les dissoudre avec sa salive.

Savais-tu que chacun de ses deux grands yeux est composé d'environ 4000 facettes? Posées les unes à côté des autres, chaque facette est en soi un petit œil avec un cristallin et une cornée.

Savais-tu que ses yeux peuvent percevoir les choses au moins 10 fois plus rapidement que les nôtres? Elle peut donc réagir de façon presque instantanée.

Savais-tu que ce pilote hors pair bat des ailes 300 fois à la seconde?
De plus, la mouche domestique parvient à s'envoler en 1/20 de seconde,
évitant très souvent le tue-mouche.

Savais-tu que cet as du vol peut se déplacer à une vitesse de 2 kilomètres à l'heure?

Savais-tu que 70 mouches domestiques réunies pèsent à peine
1 gramme?

Savais-tu que c'est parce qu'elle a un poids plume que la mouche
domestique consacre un temps fou à faire sa toilette ? En effet, le moindre
déchet qu'elle oublie sur une aile ou sur une patte peut la déséquilibrer.

Savais-tu que c'est grâce à ses six pieds, chacun pourvu d'une paire de griffes et de coussinets adhésifs, que la mouche domestique peut marcher au plafond et sur des surfaces aussi lisses que du verre?

Savais-tu qu'un mâle peut s'agripper à une femelle en plein vol et la forcer à atterrir pour s'accoupler ? L'accouplement dure à peine quelques secondes.

Savais-tu que les femelles pondent leurs œufs dans du fumier, des ordures ménagères, des blessures qui suppurent, bref, dans toutes matières organiques en décomposition ? Une femelle peut pondre jusqu'à 1 000 œufs durant sa vie.

Savais-tu que les larves éclosent à peine 24 heures après la ponte? La larve vermiforme, communément appelée asticot, n'a pas de pattes et sa tête est très peu développée.

Savais-tu qu'en l'espace de 10 jours, la larve se transforme en un insecte adulte capable de voler?

Savais-tu que la mouche domestique adulte, à peine âgée de trois jours, peut s'accoupler ? Quatre jours plus tard, elle pondra à son tour et le cycle recommencera.

Savais-tu que la mouche domestique reste souvent fidèle à son lieu de naissance? Elle s'en éloigne rarement de plus d'un kilomètre à la ronde.

Savais-tu qu'à l'arrivée de l'automne, les mouches domestiques vivant dans les zones tempérées cherchent des endroits frais pour passer l'hiver ? Cependant, pour survivre, la température de leur refuge ne doit pas descendre sous le point de congélation.

Savais-tu que ces mouches vivent en moyenne de deux à trois mois? Seules celles qui éclosent juste avant la saison froide et qui doivent passer l'hiver vivent plus longtemps.

Savais-tu qu'une seule mouche domestique peut transporter des dizaines et des dizaines de millions de microbes? En fait, un chercheur a estimé à

35 millions le nombre de germes dans le tube digestif d'un individu et à plus de 500 millions ceux retrouvés sur son corps.

Savais-tu que c'est en transportant tous ces microbes qu'elle propage de nombreuses maladies ? Se posant sur des excréments ou des animaux morts, puis sur de la nourriture ou sur notre bouche, elle peut nous

transmettre la tuberculose, la poliomyélite, la lèpre, le typhus, la dysenterie ou d'autres maladies.

Savais-tu que, parce que les asticots se nourrissent de plaies infectées, on les utilisait autrefois en médecine humaine pour nettoyer certaines blessures? D'ailleurs, ce traitement est encore pratiqué de nos jours avec succès sur des patients.

Savais-tu que les asticots de mouches domestiques ont un rôle important à jouer dans la nature? Ils accélèrent le processus de décomposition des matières animales et végétales.

Savais-tu qu'en plus d'être victime de l'homme et des animaux insectivores, la mouche domestique peut aussi attraper plusieurs maladies?

Savais-tu que sans tous ses « ennemis », un couple de mouches pourrait, en une seule année, donner naissance à 4 milliards de milliards de descendants ?